AF244690

O² K
362

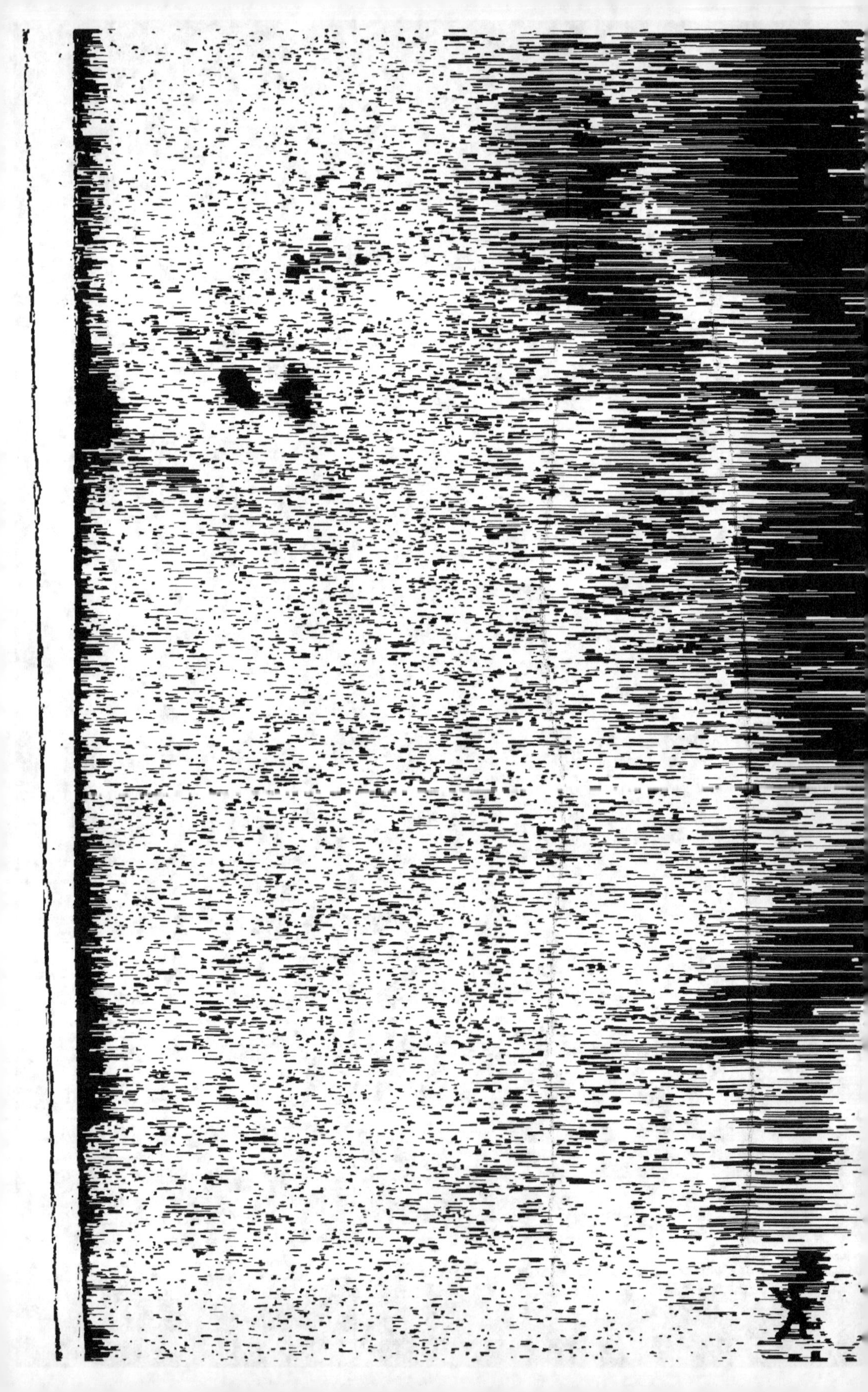

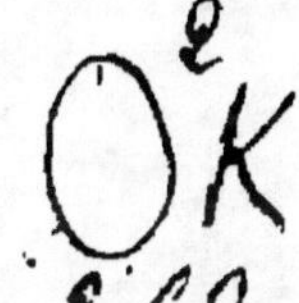

LE ROI DE MAISSOUR.

Tout le monde connaît les travaux immenses des missionnaires catholiques dans ces contrées où leur zèle s'exerce tous les jours sur des cœurs imbus de

1.

vieux préjugés et d'anciennes supersti-
tions. S'ils n'ont pas à redouter les feux
de la persécution, ils ont à lutter contre
des ennemis non moins terribles : l'i-
gnorance des peuples et l'insuffisance
des ressources pour perfectionner l'œu-
vre qu'ils ont commencée.

Cependant la Providence ne les aban-
donne pas, et souvent, après avoir
éprouvé leur zèle et leur persévérance,
elle leur a procuré des secours que,
sans leur pieuse confiance en Dieu et
cette hardiesse qu'inspire la foi, ils
n'auraient osé espérer. Le fait suivant
viendra à l'appui de ce que nous ve-
nons d'avancer.

Dans une localité du vicariat apostolique de Pondichéri, les chrétiens, à cause de leur nombre, ne pouvaient contenir dans l'unique église qu'ils possédaient; il était besoin d'agrandir ce sanctuaire.

Les missionnaires firent donc pour cela tous leurs efforts, et voici comment, après un temps assez long à leur impatience, ils furent couronnés du succès, au-delà même de leurs espérances. Laissons parler l'un de ces missionnaires écrivant, à ce sujet, à un ami:

« Vous savez, cher et respectable ami, que, sous les auspices du président britannique à Maïssour, nous ouvrîmes une souscription dont le produit eût été suffisant pour ajouter une aile à notre ancien sanctuaire; mais, à la vue d'un succès si inopiné, les idées de mon ami s'agrandirent: au lieu d'une nef supplémentaire, il ne se proposa rien moins que de bâtir une cathédrale. Pour moi, homme de peu de foi, je m'imaginai, conformément au précepte de l'Évangile, qu'avant de jeter les fondemens d'un édifice, il fallait en computer les frais et bien s'assurer si on pourrait le conduire à son couronnement. Mon ami, au contraire, toujours confiant dans les ressources inépuisables de la Providence, jeta, sans s'étonner, les fondemens d'une vaste église. Vous dire à quel ordre d'architecture elle appartient serait chose difficile : je crois bien que sa forme est unique dans le monde.

» Ce que j'avais prévu arriva : toutes ses avances se trouvèrent épuisées avant d'avoir terminé les murs extérieurs. Ce fut alors qu'on le changea de poste, et qu'à mon retour de l'ouest de mon district, je fus chargé seul et du spirituel et du temporel de la mission. Me voyant sur les bras cette gigantesque entreprise, sans avoir une obole pour la mener à bonne fin, j'écrivis quelques lettres aux principaux chrétiens de Ma-

dras : plusieurs d'entre eux, tels qu'A-
manda de Raiah et ses parens, m'en-
voyèrent une somme de cent roupies,
et je parvins, avec ce secours, à terminer la nef du milieu sur un plan plus
économique, réservant l'achèvement
des deux ailes à des temps plus heureux.
De quelque côté que je me tournasse,
je n'apercevais aucun moyen d'en finir;
je désespérais... Mon ami seul, du fond
des montagnes où il bâtit encore, m'en-
courageait.

« Attendez, mon petit Breton, di-
» sait-il; où est donc votre courage?
» Cette église a été commencée par

» Dieu et pour lui, soyez sûr qu'il » l'achèvera tôt ou tard. »

» Pour moi, j'étais tenté de rire, comme Sara derrière l'entrée de sa tente. Comment, en effet, aurais-je pu me persuader qu'un jour je trouverais quinze cents roupies, moi qui, chargé de vingt-une églises à entretenir, n'avais pas un sou de reste au bout de l'an ?

» J'attendis donc trois ans. Il ne me restait qu'un seul moyen à tenter; on me le conseillait, on m'y poussait : on voulait que j'eusse recours à la libéralité incessante du roi de Maïssour. Il est en effet le père et le soutien d'une infinité de personnes. Long-temps je me refusai à faire parvenir mon nom et ma qualité de Français aux pieds d'un trône dont les Anglais gardent les avenues; d'ailleurs comment me résoudre, moi, pauvre écolier, à écrire en langue canarèse à ce roi entouré de mille savans ?

» Néanmoins, me fiant au Dieu qui fit parler l'âne de Balaam, et plaçant tout sous la protection de Marie et de Joseph, patron de mon ami, fondateur de cette basilique, je me mis en frais d'érudition canarèse, et je rédigeai de mon mieux une pétition. Je vous avoue que je m'étendis beaucoup sur la visite que vous rendites autrefois à ce prince, alors assis sur le trône; je rappelai les bontés qu'il vous témoigna, et même les présens que vous reçûtes de sa munificence royale; je l'assurai que son nom chéri était encore gravé dans votre cœur; que vous aimiez à vous rappeler dans vos vieux jours ceux que vous aviez passés dans son royaume, etc.

» Le plus difficile était de faire parvenir ce pathos au monarque indien. Toutes les portes du palais sont gardées par des sentinelles doubles et triples à pied et à cheval; le cabinet est encombré d'une foule de mendians gentils, qui accablent ce bon roi de leurs flagorneries, toujours largement payées. Je confiai ma supplique au premier ministre Vencaltapach-Arson : il s'en chargea avec bienveillance, en promettant d'épier l'occasion favorable pour la présenter à Sa Majesté. Huit mois s'écoulèrent sans que ni vent ni nouvelle ne me parvint de ce misérable griffonnage; je le croyais ou égaré dans les mille et une salles du palais, ou bien jeté dédaigneusement dans un coin inconnu et dévoré par les kariats.

» Quelle fut ma surprise quand, au mois d'août, je reçus une lettre qui m'apprenait qu'enfin ma pétition avait été présentée au roi; qu'il l'avait lue et examinée avec intérêt; que, surpris de voir un Européen écrire une langue étrangère avec autant de netteté, il avait ordonné de me faire venir à sa cour pour m'entretenir lui-même, et qu'ensuite il se chargerait de terminer l'église dont j'avais parlé dans cette requête!

» Malheureusement j'étais alors à dix journées de marche et relevant à peine de maladie. D'ailleurs, tout occupé du soin de bâtir une autre église, commencée alors et non terminée par mon ami en 1836, je dus renoncer à cette faveur, non sans craindre toutefois qu'elle ne se représentât plus désormais.

» Je revins en novembre à Maïssour. Alors nouveaux frais d'éloquence canarèse : j'écrivis au ministre pour lui rappeler sa promesse et la bienveillance de Sa Majesté indienne.

« J'aime à croire, lui disais-je, que
» ni la succession des jours, ni même
» les révolutions des astres n'ont pu
» amener de changement dans la vo
» lonté royale. »

» Je le priai donc de vouloir bien faire connaître au prince et mon retour et mes vœux. Je rendis une visite à ce favori lui-même. Il me reçut bién cordialement. La première question qu'il m'adressa fut celle-ci :

— Etes-vous marié?

— Non, lui dis-je.

— Mais, sans doute, vous le serez dans la suite, ajouta-t-il.

— Non, répondis-je encore. Le ministère saint dont je suis revêtu ne s'accorde pas avec les distractions de l'état du mariage,

— La France est-elle catholique romaine?

— Oui.

— Les princes le sont-ils aussi?

— Bien certainement.

» Après quelques autres questions, après m'avoir félicité sur la flexibilité de ma langue et l'aisance de mon élocution, il me mit une guirlande de fleurs au cou, en m'assurant qu'il prenait cette affaire sur sa responsabilité, et que, dès ce jour-là même, il m'annoncerait au roi. Je revins donc dans ma petite cabane, au pied de ces murs toujours inachevés.

» Huit jours d'attente avaient encore renouvelé la mauvaise tentation de défiance qui me tue dans bien des circonstances. J'écrivis alors à un catholique employé au palais que, mes occupations ne me permettant pas de nouveaux délais, je me disposais à partir le lendemain. Ce brave homme courut aussitôt chez le ministre et lui montra ma lettre. Celui-ci, aussi affligé de ma détermination que honteux de sa lenteur, envoya sur-le-champ mon néophyte me conjurer d'attendre un jour de plus pour l'amour de lui. J'accédai à sa demande, et le lendemain je vis arriver une belle voiture à deux chevaux, suivie d'estafettes chargées de me conduire au palais. Je m'armai aussitôt de mon bâton et m'affublai de mon schall avec mon casque indien.

» Emporté en un clin-d'œil dans le fort, j'arrivai dans la salle d'audience. Là tout est resplendissant d'or et d'argent; les portes mêmes des cabinets sont de l'un ou de l'autre de ces précieux métaux. Je trouvai une compagnie des plus nombreuses, composée de princes et de gourous. A cette vue, mon cœur palpitait bien fort par la crainte trop fondée de compromettre l'honneur de notre sainte religion, en ne répondant pas à l'idée avantageuse que Sa Majesté avait peut-être conçue du *Padre* français.

» Comme le roi tardait à venir, son fils, l'héritier présomptif de la couronne, âgé de dix-huit à vingt ans, m'entretint avec beaucoup de simplicité et de modestie, et m'adressa plusieurs questions que je résolus de mon mieux. Il me demanda entre autres choses si je connaissais Napoléon, si cet empereur étai Français, si je le regardais comme un grand homme. Ma position au milieu des officiers de la Grande-Bretagne ne me permettant pas de faire l'apologie de leur plus constant ennemi, je dis qu'ayant été sujet de Bonaparte, son éloge ne mériterait pas assez de confiance dans ma bouche ; mais qu'on pouvait interroger tous les Anglais de Maïssour, qui le connaissaient parfaitement. On applaudit à cette excuse ; le fils du roi en fut satisfait au point de se la faire répéter deux fois. Alors on me montra l'endroit qu'occupe le portrait de cet homme, dont la réputation est parvenue jusque dans nos contrées lointaines.

» Après quelques instans de conversation, qui servirent à rasseoir mes sens, le roi parut enfin appuyé sur deux chambellans; après s'être placé sur le siége que lui céda son fils, il me fit approcher de lui; toute l'assemblée s'assit par terre. L'œil fixé sur moi et d'un ton bref et décidé, le prince me demanda tout aussitôt pourquoi, étant depuis plusieurs années dans son royaume, je n'étais pas venu le visiter tous les mois. Je répondis que, novice encore dans la langue canarèse, et peu accoutumé à m'expliquer en termes dignes de la majesté d'un si grand monarque, j'avais craint jusqu'à ce jour de me présenter au palais. Toute la compagnie se récria et sur la pureté de mon langage et sur le naturel et l'aisance de ma prononciation. Le roi ajouta :

—Eh bien ! désormais venez me voir tous les mois.

» Je remerciai Sa Majesté, et l'assurai que je serais à ses ordres toutes les fois qu'elle me ferait l'honneur de m'appeler auprès d'elle. Aussitôt, cher ami, reportant sur vous ses souvenirs :

— Connaissez vous M. *** ? me demanda le prince ; est-il encore vivant? Où est-il? Ne reviendra-t-il plus dans ce pays?

» Je rappelai votre grand âge et l'impossibilité pour vous d'entreprendre un voyage aussi long.

— Mais du moins vous pouvez lui écrire? reprit-il. Faites-le au plus tôt, et dites-lui bien que je ne l'ai pas oublié. Combien de temps faudra-t-il pour qu'il reçoive votre lettre?

» Je parlai de la voie de communication par le Cap et de celle des bateaux à vapeur par la mer Rouge. A ce dernier mot, un des docteurs de la cour me dit:

—Combien y a-t-il donc de mers dans le monde?

» Je lui donnai une petite idée du globe et des différens noms que l'Océan emprunte aux diverses contrées qu'il baigne. Ma réponse l'embarrassa plus qu'elle ne le satisfit.

— Mais dans quel pays se trouvent donc, ajouta-t-il, les sept mers mention- néesdans nos livres ?

1° La mer de sirop.

2° La mer de liqueur alcoolique.

3° La mer salée.

4° La mer de lait caillé.

5° Lá mer de lait pur.

6º La mer de beurre liquide.

7º Enfin, la mer d'eau douce.

» Ou se trouvent-elles ?

— Seulement dans vos contes, lui dis-je : je ne connais aucune plage où l'on puisse les placer.

» Et toute l'assemblée de rire du savant indien.

» Le roi s'égaya plus que personne à ses dépens :

« Allons ! lui dit-il, vous retrancherez

» encore cet article de votre sym-
» bole. »

» Puis chacun se retourna de mon côté : on était étonné de trouver tant d'é-
rudition dans un si petit corps ; volontiers
on m'aurait donné le bonnet de doc-
teur, à moi qui ne mériterais pas même
la pancarte de bachelier.

» Après cette digression géographi-
que, le roi reprit le cours de ses inter-
rogations, et me demanda si les laïques,
en Europe, portaient comme moi la sou-
tane. Je lui fis comprendre que le ministre de Dieu, étant séparé de mœurs
et de goût du reste du monde, l'était

aussi de costume. Dans ce moment le prince aperçut le Christ que je portais suspendu à mon cou.

« Qu'est-ce que vous portez là ? » me fit-il demander par son ministre.

» Je répondis que c'était l'image du Dieu Sauveur du genre humain. Un des gourous m'objecta que, Dieu étant spirituel, sans figure, il s'étonnait que nous en eussions fabriqué l'image.

« Sans doute, repris-je, l'Etre infini,
» l'alpha et l'oméga de tous les êtres,
» étant pur esprit, ne se représente par
» aucune figure sensible et ressemblan-

» te ; mais comme son Fils unique a
» bien voulu s'incarner, se faire hom-
» me, habiter parmi nous et mourir
» sur une croix pour la rédemption du
» monde, c'est son image que je porte
» sur moi, et comme signe de mes
» croyances, et comme moyen d'entre-
» tenir en mon cœur un continuel
» souvenir de sa miséricorde. »

» Il resta muet.

» Après quelques autres questions, le
roi dit en regardant ses favoris :

— Si vous voulez vous faire chrétiens et disciples de ce Père, je vous as-

sure que je n'y mettrai aucune opposition.

— Ah ! dit un courtisan, le pied du grand roi me suffit.

» Vint enfin l'objet de ma visite. Je tirai de ma poche ma pétition, et je la présentai au prince, qui, l'ayant parcourue des yeux, me la rendit, pour avoir, disait-il, le plaisir de me l'entendre lire. Il l'écouta jusqu'au bout. Que Dieu l'en bénisse ! Aussitôt après il m'offrit cinq cents roupies, en me demandant si elles suffiraient pour achever mon église. Un peu intimidé, j'exposai en anglais au ministre, assis à ma droite, que le double de cette somme, au moins, était nécessaire. Sa Majesté m'interrompit aussitôt, et me dit :

« Eh bien ! soit, je vais donner ordre
» de vous délivrer mille roupies. »

» C'est ce qu'il a fait depuis, par l'entremise de M. le président britannique.

» Après les remercîmens que la reconnaissance et l'étonnement dont j'étais saisi me permirent à peine d'articuler, vinrent les présens qu'on me destinait. D'abord le ministre me passa au cou une guirlande de fleurs, et me donna du bétel ; il me plaça un bouquet de fleurs dans les mains, et m'aspergea d'eau de senteur. On m'affubla ensuite d'une paire de schals de cachemire rouge, et on déposa à mes pieds, dans un beau plateau d'argent, une pièce d'étoffe de soie à fleurs d'or et d'argent (ce qui me fera un bel ornement de messe) et trois autres morceaux d'un tissu clair, en fil d'or, garni de franges d'argent. Ainsi caparaçonné, je fis au roi un profond salut. On m'invita à toucher de la main celle du jeune prince ; ce que voyant Sa Majesté, elle me prit par le bras, et voulut aussi recevoir une poignée de main.

» Mais voici, pour terminer, une autre anecdote. Je vis quelques grands personnages saisir par les épaules un vieillard tout habillé de soie, et qui paraissait comme le confident du monarque. Quand il fut près de moi, le roi lui dit :

« Donne donc aussi, toi, une poignée de main à ce gourou. »

«L'autre, comme un chat qui craint de se brûler la patte en tirant les marrons du feu, me tendit en rechignant une main décharnée, que, pour sa peine, je lui serrai en camarade ; et tous se mirent à rire du vieux pédant.

J'ai su depuis le but de cette mystifica-
tion. Ce vieux brame est une espèce de
pharisien indou qui, fier de sa pureté
légale redoute par-dessus tout, le
contact profane des Européens; proba-
blement, pour éviter l'obligation de faire
les ablutions prescrites, et de changer
ses beaux habits de dimanche, il s'était
tenu à l'écart. Mais comme le roi et son
fils, ainsi que le ministre, se voyant
souillés des pieds à la tête, allaient
être obligés, selon les règles du rituel
indien, de se plonger dans un étang ou
de se faire verser sur le corps une cin-
quantaine d'arrosoirs d'eau chaude,
avant de visiter le grand-gourou de Sin-
gnéri, qui trépignait de voir ma bonne

fortune, ils voulurent, pour se moquer du superstitieux vieillard et le forcer au moins à se décrasser de compagnie, lui faire contracter leur commune souillure.

» Après ce dernier incident, je m'en retournai, bénissant Dieu, dans mon carrosse ; et, au sortir du palais, je me retrouvai aussi petit qu'auparavant dans mon humble cabane.

» Maintenant je suis comme l'alouette qui, dit le proverbe breton, après être descendue d'une excussion aérienne, regarde avec surprise la route qu'elle a parcourue, et s'étonne d'être montée si haut. »

FIN.

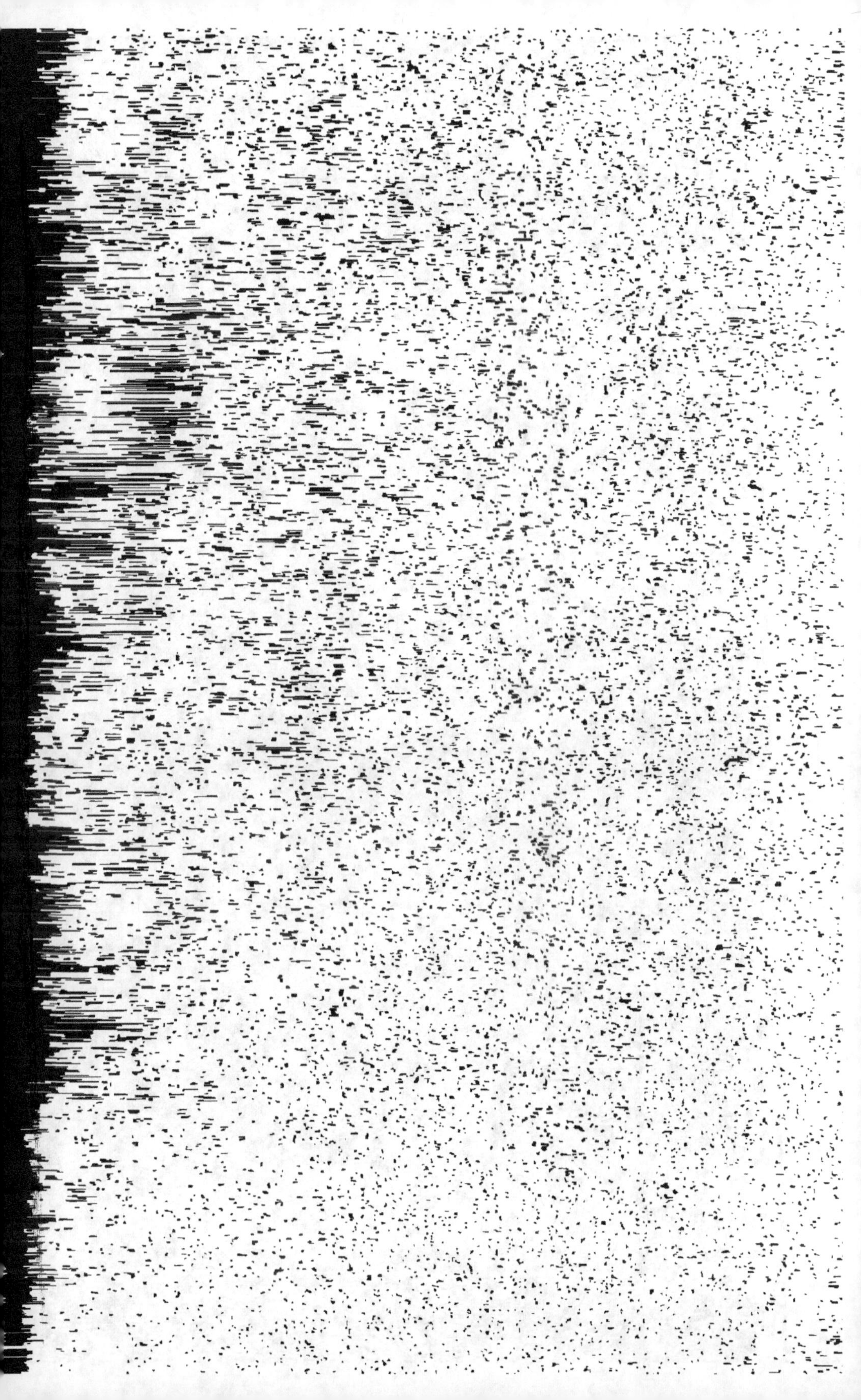

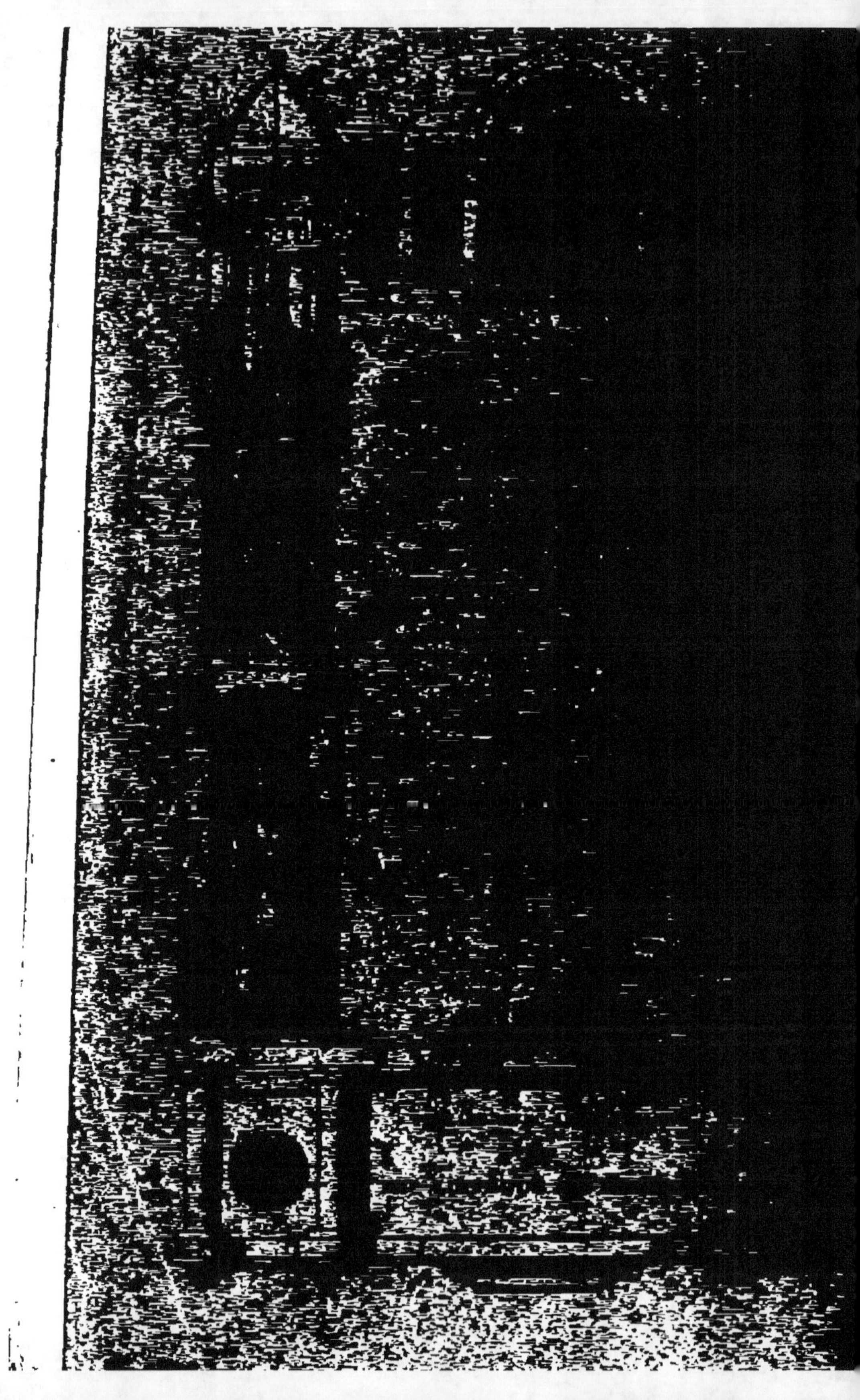